Glöckchen

& die Lawinenziegen

Autor: **Ole Ludewig**

Illustrator: **Thorsten Dresel**

Mit der Idee der Lawinenziegen von

Maurice Weinfortner

Inhalt

Bibliografische Information der Deutschen Nationalbibliothek: Die Deutsche Nationalbibliothek verzeichnet diese Publikation in der Deutschen Nationalbibliografie; detaillierte bibliografische Daten sind im Internet über dnb.dnb.de abrufbar.

Verlag: BoD · Books on Demand GmbH, In de Tarpen 42, 22848 Norderstedt

Druck: Libri Plureos GmbH, Friedensallee 273, 22763 Hamburg
ISBN: 978-3-7693-0316-2

Einleitung

Nicht weit weg von dir liegt ein Dorf, das umgeben ist von hohen Bergen und tiefen Wäldern. Die Spitzen der Berge sind selbst im Sommer mit Schnee bedeckt. Im Winter wird dann alles weiß: Die Häuser des Dorfes, die Wälder und die Berge. Auf der Weide stehen die Weideziegen. Das sind Ziegen, die jeden Tag grasen. Die Weideziegen haben sehr lange Beine. Sie stehen den ganzen Tag auf den Bergen und fressen Gras. Dadurch sind die Beine auf einer Seite ein kleines Stückchen kürzer als auf der anderen Seite. Außerdem sind die Beine sehr dünn.

Eine dieser Weideziegen heißt Glöckchen. Sie hat etwas anderes im Kopf. Glöckchen möchte nicht die ganze Zeit auf der Weide stehen. Ihr Lieblingsort ist im Winter der Zaun der Weide. Glöckchen wartet auf ihre großen Helden: Lawinenziegen. Normalerweise guckt Glöckchen sie sich nur an. Doch heute hat sie etwas anderes vor...

Die Weideziege Clara ist ihre beste Freundin. Sie stellt sich neben Glöckchen und fragt: „Was machst du da? Guckst du wieder den Lawinenziegen zu?"

„Clara, ich könnte den Lawinenziegen den ganzen Tag zugucken. Sie können an dem Schnee, der zu einer Lawine werden könnte, vorbeiklettern. Denn sie haben kurze, starke Beine. Wenn sie ganz oben angekommen sind und es für alle Tiere und Bewohner sicher ist, schmeißen sie sich in den Schnee. Das löst die Lawine aus. Dann springen die Ziegen aus den rollenden Schneemassen hinaus, zurück auf festen Grund. Dort sind sie wieder in Sicherheit", sagt Glöckchen begeistert.

„Ich weiß", antwortet Clara. „Die Arbeit ist sehr wichtig, damit wir uns um Weinfort sicher bewegen können. Aber die Arbeit ist auch sehr gefährlich. Komm, wir gehen wieder Gras fressen.“

Glöckchen schüttelt den Kopf: „Lawinenziegen sind so toll. Ich wäre auch gerne eine. Sie sind die Helden für die Menschen, Tiere, Bäume und Pflanzen! Sie beschützen uns davor, dass wir von einer Lawine verschüttet werden. Durch die Lawinenziegen müssen die Schneemassen nicht gesprengt werden, wie es sonst überall getan werden muss!“ Clara guckt sie verwirrt an: „Das weiß ich doch alles, aber du kannst doch nicht immer nur am Zaun stehen und gucken. Du musst doch auch mal mit uns auf der Weide stehen.“ Clara schaut schon fast etwas empört. Doch Glöckchen hört ihr gar nicht richtig zu. Heute will sie es machen.

Heute will sie sich trauen. Sie will den Lawinenziegenbock Leo fragen, ob sie auch eine

Lawinenziege werde kann. Sie hat schon tagelang versucht den Mut dafür aufzubauen. Heute ist es soweit.

Als die Lawinenziegen zurückkehren, springt Glöckchen geschickt über den Zaun.

Sie läuft direkt auf Leo zu und sagt: „Ich würde auch gerne eine Lawinenziege sein. Kannst du mir beibringen, wie das geht, Leo?"

Der Ziegenbock guckt sie belustigt an: „Hallo, Glöckchen. Du willst eine Lawinenziege werden? Du siehst nicht aus wie wir! Wir haben kurze und starke Beine mit kleinen Hufen. Ihr seid kleine Ziegen mit unterschiedlich langen, dünnen Beinen. Ihr habt große Hufe. Damit werdet ihr euch niemals schnell aus der rollenden Lawine befreien können. Damit ihr unsere Arbeit machen könnt, müsst ihr stark und standfest sein, egal auf welchem Untergrund.

Nehmt euch ein Beispiel an der Fichte. Außerdem müsst ihr flink und leichtfüßig sein, wie eine Katze. Ihr müsst mutig und intelligent sein, wie ein Wolf. Allein das Training ist sehr hart und dauert lange. Aber egal was ihr macht: Ihr werdet an eurem Aussehen nichts ändern können. Vergiss deinen Traum lieber wieder ganz schnell.“

Glöckchen hat mit so einer Antwort nicht gerechnet. Sie übt doch schon so lange, eine Lawinenziege zu sein. Aber egal wie viel sie auch übt, an ihrem Aussehen kann sie wirklich nichts ändern. Damit hat Leo recht. Glöckchen schießen Tränen in die Augen: „Es ist aber mein großer Traum, eine Lawinenziege zu werden. Ich möchte auch dazu beitragen, dass wir Tiere und die Menschen in Weinfort sicherer leben können. So wie ihr!" Leo wirft ihr noch einen letzten Blick zu und sagt im Weggehen: „Weinfort ist sicherer, wenn du auf deiner Weide bleibst. So ist das Leben eben, Glöckchen." Er dreht sich um und geht weiter in Richtung Stall. Glöckchen kann nicht mehr sprechen. So geschockt ist sie. Traurig geht sie zurück zur Weide. Clara wartet schon auf Glöckchen. Sie hat gehört, was Leo gesagt hat. Glöckchen fängt an zu weinen. Clara nimmt sie in den Arm. Sie versucht Glöckchen zu trösten. Clara hat einen Einfall: „Lass uns heute Abend zum Fest im Dorf gehen.

Da kommst du wieder auf andere Gedanken. Da gibt es Zuckerwatte und andere Süßigkeiten. Die isst du doch so gerne." Jedes Jahr findet ein großes Fest statt, um den Lawinenziegen für ihre Arbeit zu danken. Der Bürgermeister von Weinfort namens Maurice organisiert dieses Fest. Bei dem Gedanken daran bekommt Glöckchen wieder etwas bessere Laune.

Es wird langsam dunkel. Glöckchen und Clara gehen in Richtung des geschmückten Dorfes. Glöckchen ist zwar immer noch traurig, aber das Fest muntert sie etwas auf. Trotzdem kann man ihr deutlich ansehen, wie bedrückt sie ist. Das

fiel auch Maurice auf. Er steht mit allen Gästen
des Festes zusammen.

Sie erzählen sich Helden-Geschichten von den
Lawinenziegen. Davon hat jeder im Dorf eine.

Maurice wartet auf eine passende Gelegenheit
und stiehlt sich dann von dem Gespräch davon.
Er sucht Glöckchen. Etwas abseits von dem

Fest findet Maurice sie. Glöckchen weint und lehnt an Claras Schulter. „Hey meine Liebe, warum bist du denn so traurig?", fragt Maurice.

„Ich habe vorhin mit Leo gesprochen. Ich würde so gerne Lawinenziege werden. Aber er hat es mir verboten", jammert Glöckchen. Maurice kniet sich zu den beiden kleinen Ziegen und legt den Arm auf ihre Schultern. „Glöckchen, es hat euch keiner verboten. Niemand traut es euch zu. Allein ich darf bestimmen, wer Lawinenziege wird.

Aber man muss die schwere Prüfung bestehen. Lass dich dadurch nicht unterkriegen. Ich habe mich vor vielen Jahren, als ich noch jung war, zu Hause hingestellt und gesagt, dass ich Ziegenbürgermeister von Weinfort werden möchte. Wisst ihr, was mir da passiert ist? Ich wurde ausgelacht. Ich kam aus einer

Bauernfamilie und sollte den Hof meines Vaters übernehmen. Bürgermeister sollte ich nie werden. Mittlerweile hat mein Bruder den Hof und ich bin Bürgermeister, weil es mir egal war, was die anderen gesagt haben." „Aber wie soll ich Lawinenziegen werden, wenn mir keiner zeigt, wie das geht?"

Glöckchen schaut ihn verzweifelt an. „Ihr Lieben, das wisst ihr doch schon längst. Ihr müsst so stark und standfest sein, wie eine Fichte. Außerdem flink und leichtfüßig, wie eine Katze und mutig und intelligent, wie ein Wolf. Aber das Wichtigste: Ihr dürft niemals aufgeben. Wenn ihr das alles besser beherrscht als die Lawinenziegen, wird euer Aussehen zweitrangig." Glöckchen schaut immer noch verzweifelt: „Das bringt uns doch keiner von den Lawinenziegen bei." Maurice lächelt sie aufmunternd an: „Glöckchen,

lerne doch nicht von den Schülern, sondern von den Lehrern. Frag doch direkt die Fichte, den Wolf und die Katze.

Aber lass es nicht die anderen merken. In drei Tagen solltet ihr mit dem Training fertig sein. Am vierten Tag hole ich dich auf der Weide ab. Dann ist eure Prüfung. Wenn ihr die besteht, kannst du Lawinenziegen werden." Glöckchen fasst neuen Mut. Aber auch Clara hat aufmerksam zugehört. Clara fragt Maurice leise: „Darf ich Glöckchen helfen? Und darf ich die Prüfung dann auch versuchen?" Glöckchen guckt überrascht und glücklich. Sie freut sich, dass ihre beste Freundin sie begleiten möchte. Maurice lächelt:

„Natürlich. Ein beschwerlicher Weg ist mit einer Freundin immer leichter als allein. Es wird nicht leicht. Aber ihr schafft das.

Jetzt ab ins Bett. Wenn ihr morgen das Training beginnen wollt, solltet ihr ausgeruht sein."

Glöckchen und Clara laufen sofort zur Weide. Glöckchen ist ganz aufgeregt. Eins ist sicher: Am nächsten Tag will sie gleich damit beginnen, mit Clara loszuziehen und zu lernen, wie man die beste Lawinenziege aller Zeiten wird.

Die Fichte

Als der Hahn am frühen Morgen kräht, springt Glöckchen sofort auf, streckt sich und weckt ihre Freundin. Die Beiden begeben sich auf die Suche nach Leo, um zu fragen, wo sie die Fichte finden. Als sie ihn gefunden haben fragt Clara ungeduldig und aufgeregt: „Leo, es soll eine ganz besondere Fichte im Wald von Weinfort geben. Maurice hat gesagt, wir sollen uns mit ihr mal unterhalten. Fällt dir da eine Besondere ein? Was eigentlich ist eine Fichte?" Leo hebt fragend die Augenbrauen: „Die Fichte namens Friedel steht in der Mitte des Waldes.

Der alte Nadelbaum wächst bei einem Bach und hat sich mit seinen Wurzeln um einen Stein geschlungen. Ihr erkennt ihn schnell, denn er steht aufrecht und stolz da. Er ist einer der größten Bäume des Waldes. Aber was wollt ihr da? Was habt ihr beiden im Sinn?" Glöckchen und Clara murmeln etwas Unverständliches und sagen dann, dass Maurice ihnen erzählt hat, es sei sehr interessant, sich mit dem Baum zu unterhalten. Er ist immerhin der Älteste und weiß alles über Weinfort. Leo ist nicht wirklich zufrieden mit der Antwort. Bevor er aber weitere Fragen stellen kann, rennen Glöckchen und Clara los. Glöckchen ruft von Weitem „Danke!" und „Bis später!" und schon sind sie weg.

Der Anstieg zum Wald ist nicht der einfachste. Die beiden sind aber schon geübte Kletterer. Ihre eigene Weide ist auch sehr steil. Dort haben sie gelernt, auch mit solchen Abhängen zurechtzukommen. Sie springen von Stein zu Stein. Sie haben gehört, dass die Fichte Friedl schon mehr als 500 Jahre alt ist. Friedl weiß alles über den Wald in Weinfort. Aufgrund seines Alters redet er zwar etwas langsamer, aber das heißt nicht, dass er doof ist. Im Gegenteil! Er ist der schlauste und der weiseste Baum überhaupt.

Glöckchen und Clara sind ganz aufgeregt, als sie ihn endlich entdecken. Der Baum steht weit oben am Berg, wo es schon ziemlich steil ist.

Sobald sie bei ihm angekommen sind, ruft Glöckchen:

„Friedl, Friedl, kannst du uns hören?" Die Fichte Friedl antwortet mit tiefer und grimmiger Stimme: „Wer wagt es, mich aufzuwecken? Was wollt ihr kleinen Ziegen denn?" Friedl atmet tief und braucht lange, um seine Sätze zu vollenden. „Friedl, uns wurde gesagt, dass du uns beibringen kannst, standfest zu werden", sagt Clara mit weit aufgerissenen Augen. Friedl ist der erste sprechende Baum, den sie jemals zu Gesicht bekommen hat. Glöckchen macht es ihr nach. „Wir wollen nämlich Lawinenziegen werden", fügt sie mit einem stolzen Lächeln hinzu. „Und wie soll ich euch da helfen?", fragt der Baum. „Es heißt doch, dass du so standfest wie eine Fichte sein musst, um eine Lawinenziege zu werden. Wir wollen wissen, wie man das wird. Denn man sagt, dass unsere langen, dünnen Beine nicht so standfest sind, wie die kurzen, starken Beine der Lawinenziegen. Außerdem soll es hinderlich sein, dass sie unterschiedlich lang sind." „Ach ja", erwidert Friedl, „wer behauptet das denn? Seht ihr, wie meine Wurzeln wachsen? Manche sind lang und dünn, andere sind kurz und dick. Hätte ich nur kurze oder nur lange Wurzeln, wäre aus mir nie ein großer und standfester Baum geworden. Das Aussehen ist nicht das Wichtigste. Dass meine Wurzeln unterschiedlich lang sind, schadet meiner Standfestigkeit also ganz und gar nicht. Ganz im Gegenteil - meine kürzeste Wurzel ist mindestens genauso wichtig, wie meine längste.

Die Frage ist immer, was man daraus macht...“ Glöckchen platzt es heraus, bevor er seinen Gedanken fortführen kann: „Wie soll uns das denn helfen?“ „Ich möchte damit sagen, dass ihr euch nicht von den anderen verunsichern lassen sollt. Ihr habt es immerhin geschafft, zu mir hinaufzuklettern.

Wisst ihr, manchmal erscheint etwas wie eine Schwäche.

Doch genau das kann schon im nächsten Moment unsere größte Stärke sein.“ Wieder macht er eine kurze Pause, atmet nochmal tief ein und spricht dann weiter: „So ist es möglicherweise auch mit euren Beinen. Ihr müsst sie nur richtig aufstellen und wie Wurzeln fest in den Boden drücken und verankern, um sicher zu stehen.“ Glöckchen ist immer noch ein kleines bisschen durcheinander und fragt: „Meinst du also wirklich, wenn wir das zukünftig beim Klettern beachten, werden wir bessere Lawinenziegen?"

„Nein", antwortet die Fichte Friedl. Die beiden kleinen Ziegen sehen sich verwirrt an.

„Das reicht nicht aus. Ihr müsst alles Gelernte stets beachten. Sonst tut ihr es auf dem Berg auch nicht."

Glöckchen und Clara wollen sich eigentlich direkt auf den Weg zur Katze machen, doch dann merken sie plötzlich, wie spät es schon geworden ist. Sie kehren deshalb doch besser zurück zur Weide.

Die Katze

Heute wollen Glöckchen und Clara die Katze Larissa finden. Sie sind schon gespannt, was sie von ihr lernen können. Larissa ist die Chefin der Katzen und wohnt in Weinfort. Im Dorf angekommen, versuchen sie es zunächst einmal im Hinterhof des Metzgers Polenske. Dort angekommen, sehen sie sich ganz genau um. Sie entdecken eine Katze hinter zwei Mülltonnen. Die Katze kommt aus ihrem Versteck und sagt hochnäsig: „Ich habe mir schon gedacht, dass ihr zu mir kommt. Ich bin aber etwas beleidigt, dass ich nicht die Erste bin, die ihr aufsucht.

Ihr wart doch schon bei der Fichte. Ja, eine Katze weiß viel." Die Katze schaut die beiden verunsicherten Ziegen an. Dann redet sie unbeirrt weiter: „Wie es scheint, beherrscht ihr die erste Lektion bereits: Man muss immer zuerst dort gucken, wo man etwas erwartet, und die Umgebung ganz genau beobachten. Es ist doch klar, dass eine Katze auf die guten Fleisch-Abfälle beim Metzger wartet. So müsst ihr das auch auf dem Berg machen. Am steilsten Punkt des Hanges ist meist der beste Ort, um eine Lawine auszulösen. Genau dort müsst ihr hin."

Larissa, die sehr viel schneller als Friedl redet, ist mittlerweile auf eine der Mülltonnen gesprungen. Sie lässt sich dort nieder. Von oben herab betrachtet sie Clara und Glöckchen ganz genau. „Die zweite Regel …", fängt Larissa an, doch bevor sie den Satz fortsetzen kann, fällt Glöckchen ihr ins Wort: „Woher wusstest du, dass wir zu dir kommen?" Larissa springt von der Mülltonne und kreist um die Beiden. Sie mustert die kleinen Ziegen abschätzig mit ihren funkelnden Augen. „Ich bin eine Katze und bekomme alles mit. Es gibt kein Dach, auf das ich nicht klettern kann. Es gibt kein Gespräch, das ich nicht mitbekomme. Hätte Maurice nicht vorgeschlagen, dass ihr zu mir kommt, würde ich gar nicht mit euch reden. Die zweite Regel werde ich euch nicht erklären. Ich werde es euch zeigen, indem wir ein Wettrennen machen.

Ihr sollt verstehen, was ich meine. Dort drüben klettern wir auf das Dach. Wenn ich ‚Los!' sage, startet ihr. Sonst lernt ihr es nie." Glöckchen und Clara gucken sich verwirrt an, doch bevor sie eine weitere Frage stellen können, ruft Larissa schon: „Los!" Die beiden Ziegen springen los und wundern sich, dass die Katze nicht hinterherkommt, sondern noch auf dem Boden ist. Sie sind sich ihres Sieges schon sicher, doch gerade mal in der Hälfte angekommen, merken sie, dass sie festsitzen. Sie gucken, wo Larissa bleibt. Da springt sie schon an ihnen vorbei und kommt in kürzester Zeit und mit Leichtigkeit ganz oben auf dem Dach an. Glöckchen will sie gerade fragen, wie sie das gemacht hat. Da raunt Larissa mit hämischer Miene: „Kommt runter, wir versuchen es noch mal!" Glöckchen und Clara springen hinunter. Larissa sucht ein anderes

Dach aus - und wieder geht es los. Die beiden Ziegen starten schnell und flink, während die Katze abwartet. Trotzdem kommt Larissa am Ende wieder vor ihnen an. „Wie geht das?", fragt Clara ganz verwirrt und fast schon verärgert. Larissa erwidert: „Naja, überlegt doch mal, was ich anders mache als ihr." „Du bist schneller und flinker, weil du es schon tausendmal gemacht hast", sagt Glöckchen motzig. Die Katze springt wieder auf die Mülltonnen, guckt die Ziegen von oben herab an und sagt:

„Es reicht nicht nur flink zu sein. Ihr müsst auch einen scharfen Verstand besitzen. Wenn ihr etwas tut, tut es. Aber legt nicht einfach los. Wartet kurz ab, schaut euch die Situation genau an und macht euch einen klaren Plan. So könnt ihr die Aufgabe noch schneller und flinker erledigen. Noch einmal! Diesmal auf das Dach dort drüben. Los!"

Anstatt einfach loszurennen, gucken sich Glöckchen und Clara die Umgebung genau an, bevor sie das Haus erklimmen. Sie springen los und diesmal schaffen es die beiden auch bis ganz nach oben auf das Dach. Aber Larissa ist schon wieder vor ihnen oben angekommen. „Letztendlich bin ich auch einfach besser als ihr", sagt die Katze achselzuckend und ohne, dass die beiden Freundinnen noch Fragen stellen können, springt sie von Dach zu Dach und ist schließlich verschwunden. Die beiden Ziegen sehen ihr hinterher. Glöckchen sagt zu Clara: „Erst schauen, wie sich eine Situation entwickelt und dann handeln. Das sollte ich wohl öfter in meinem Leben versuchen. Aber die Katze war ganz schön gemein." Clara nickt zustimmend:

„Das stimmt. Aber wir haben viel von ihr gelernt. Trotzdem möchte ich sie so schnell nicht wieder treffen." Die beiden kleinen Ziegen fangen an zu lachen gehen wieder zurück zu ihrer Weide. Nach dem Abendessen strecken sie sich gemütlich auf dem weichen Heu in ihrem Stall aus. Sie sind ziemlich müde von dem langen Tag. Bevor sie einschlafen, dreht sich Glöckchen noch einmal zu Clara um. Sie schaut ihrer Freundin tief in die Augen und sagt: „Vielen Dank, dass du das alles mit mir zusammen machst. Es ist schön, alles mit dir zu teilen, was wir erleben und lernen." Bevor Clara noch etwas sagen kann, sind unseren kleinen Ziegen schon die Augen zugefallen und sie schlafen tief und fest.

Die Wölfin

Am nächsten Morgen, als die ersten Sonnenstrahlen über die Bergspitze strahlen, wachen Glöckchen und Clara sofort auf. Sie sind so aufgeregt! Heute müssen sie die Chefin der Wölfe suchen. Die Wölfin heißt Nora. Sie wissen nur, dass das Wolfsrudel in einer Höhle in den Tiefen des Waldes versteckt wohnt. Clara ist ungeduldig: „Lass uns losgehen, Glöckchen!" Das ist Glöckchen sonst so gar nicht von ihr gewohnt. Sie selbst zögert. „Meinst du, die Wölfe können uns gefährlich werden?", fragt sie. Clara schüttelt den Kopf. „Maurice würde uns doch nichts raten, was uns schadet." Glöckchen nickt. „Du hast recht." Sie machen sich auf den Weg. Ganz genau beobachten sie den Pfad, auf dem sie laufen, und keine von den beiden traut sich auch nur ein Wort zu sagen. Der

Wald wird immer dichter. Sind da nicht zwei Augen zu sehen? War da nicht ein Geräusch? Alles Zögern nutzt nichts. Sie wollen vorwärts. Vorwärts, um den letzten Rat einzuholen. Hinter einem mächtigen Gestrüpp aus Pflanzen und alten Ästen entdecken sie eine Höhle. Vorsichtig nähern sie sich dem Eingang. „Halt!", ruft da eine tiefe, raue Stimme hinter ihnen. Clara und Glöckchen bleiben wie angewurzelt stehen. Ist das Nora? Die beiden meinen, den starren Blick der Wölfin und ihren heißen Atem im Nacken spüren zu können. „Dreht euch um", fordert die Stimme sie auf. Die kleinen Ziegen gehorchen ängstlich. Vor ihnen steht Nora, die Chefin der Wölfe. Sie mustert die beiden streng, weshalb Glöckchen und Clara noch etwas näher zusammenrücken. Sie zittern. „Ach, ihr seid es. Habt keine Angst. Wir Wölfe würden den Tieren von Weinfort niemals etwas antun. Vor allem zukünftigen Lawinenziegen nicht." Clara und Glöckchen atmen erleichtert auf. Doch immer noch stehen sie eng beieinander. Sie wollen etwas erwidern, doch Nora lobt sie mit ihrer rauen Stimme: „Ich habe von eurem großen Traum gehört. Ich finde ihn großartig!" Das haben Clara und Glöckchen nun wirklich nicht erwartet. Sie fühlen sich langsam sicherer in der Gegenwart der Wölfin. So ergreift Glöckchen schließlich doch das Wort. „Wir sind schon fast fertig mit unserem Training", bemerkt die kleine Ziege stolz. „Wir wollen jetzt so mutig werden, wie du es bist." Nora lacht und sagt: „Ihr habt doch schon alles gelernt, was ihr lernen müsst!" „Wie meinst du das?", fragt Clara verwirrt. „Kennt ihr den Unterschied zwischen Angst und Respekt?", fragt Nora. Glöckchen und Clara schütteln die Köpfe. Das Wort Angst haben sie schon gehört. Auch das Wort

Respekt kennen sie, aber sie sind sich nicht sicher, was Nora meint. Nora schaut nachdenklich in den Wald und fährt dann fort: „Respekt ist ein komisches Wort. Es kann so viel bedeuten. Aber lasst es mich so erklären." Glöckchen und Clara schauen Nora ganz gespannt an. Die Wölfin lächelt die Ziegen an: „Angst ist ein schweres Gefühl. Eigentlich könnte man etwas machen, aber die Angst lässt es nicht zu. Es fühlt sich so an, als ob sich der ganze Körper dagegen wehrt. Angst ist im Übrigen etwas ganz Normales. Und Ängste sind sehr nützlich, denn sie bewahren uns möglicherweise vor großen Gefahren. Man kann aber auch Respekt vor etwas haben. Respekt fühlt sich leichter an. Eine Situation scheint euch zum Beispiel nicht sicher. Trotzdem traut ihr euch. Das ist Respekt. Und genau das habt ihr bewiesen, als ihr hierhergekommen seid. Wichtig ist dabei, dass ihr euch selbst nicht überschätzt", fährt sie mit strenger Miene fort. „Wenn ihr vor dem Sprung auf dem Berg Angst habt, habt ihr da oben nichts zu suchen. Wenn ihr stattdessen Respekt vor dem Sprung habt, dann ist das richtig.

„Respekt verhindert blöde Fehler." Glöckchen und Clara beginnen zu nicken. Sie werden sicher noch ein paar Mal über Noras Sätze nachdenken müssen.

Doch tief im Innern spüren beide, was die Wölfin meint. „Ihr seid heute auch noch ziemlich mutig gewesen. Es ist mutig, als kleine Ziegen zu einer Wölfin zu kommen. Es ist auch mutig, sich in eine Lawine zu werfen. Denn bei einer Lawine besteht ja immer die Gefahr, von ihr mitgerissen zu werden. Wisst ihr, was noch mutig ist?" Die beiden kleinen Ziegen sind gespannt. Wird ihnen jetzt endlich gezeigt, wie man sich in den Schnee wirft? Sie zucken beide mit den Achseln und schauen Nora gespannt an. „Es ist mutig, etwas Neues auszuprobieren. Die Lösung der anderen ist nicht immer die beste Lösung für einen selbst.

Es ist wichtig, den eigenen Weg zu finden!" Glöckchen und Clara gucken sich verwirrt an. Aus Glöckchen platzt es ungeduldig heraus: „Was hat das denn alles mit dem Schnee zu tun?

Bringst du uns nicht bei, in den Schnee zu springen? Wir wollen doch lernen, wie wir eine Lawine auslösen!" Nora schüttelt lächelnd den Kopf und sagt: „Ich werde euch nicht beibringen, wie man in eine Lawine springt. Wie ich schon gesagt habe: Ihr habt alles, was ihr braucht, um Lawinenziegen zu sein. Und jetzt macht euch auf den Weg."

Glöckchen und Clara sind immer noch etwas durcheinander.

Sie bedanken sich bei Nora und laufen zurück in Richtung Weinfort. Als sie außer Hörweite der Wölfin sind, guckt Clara Glöckchen ängstlich an: „Wie sollen wir denn morgen die Prüfung bestehen?" Glöckchen zuckt mit den Achseln. „Ich habe keine Ahnung. Aber so viel ist sicher: Wir haben nur diese eine Chance morgen und die nutzen wir. Wir haben so viel geschafft, dann schaffen wir das jetzt auch. Vielleicht."

Schweigend laufen sie zurück zur Weide.

Der Prüfungstag

Bevor die Sonne ganz aufgegangen ist, stehen Maurice und Leo vor den beiden kleinen Ziegen. Maurice hat heute Morgen Leo alles erzählt. Glöckchen und Clara sind schon aufgestanden. Beide sind schrecklich aufgeregt. Wie sollen sie das schaffen, ohne zu wissen, wie man in eine Lawine springt? Leo betrachtet die Ziegen misstrauisch: „Seid ihr euch sicher, dass ihr schon das ganze Training durchlaufen habt? Seid ihr bereit?" Clara und Glöckchen gucken sich ängstlich an und sagen: „Ja!" Jetzt bemerken sie erst, dass alle Lawinenziegen auf der Weide stehen. Glöckchen kann kaum noch atmen vor Anspannung. Alle ihre Helden versammelt und sie ist nicht gut vorbereitet.

Als sie mit Clara und Leo am Prüfungsberg ankommt, klopft ihr Herz sehr laut. Glöckchen hört es in ihren eigenen Ohren. Leo läuft los, die beiden kleinen Ziegen folgen ihm. Der Berg ist steiler als gedacht. Oben angekommen dreht Leo sich um: „Jetzt müsst ihr nur noch die Stelle finden, wo der Schnee liegt, der abrutschen könnte." Glöckchen und Clara werfen sich einen Blick zu. Sie wissen, was sie zu tun haben.

Immer wieder festen Halt suchen, mit Ruhe den weiteren Weg planen und diesem folgen. Sie merken, dass es mit ihren dünnen und unterschiedlich langen Beinen sehr gut geht. Sie erinnern sich an die Worte von Larissa und betrachten die Umgebung ganz genau. Als ihnen der Weg klar ist, springen sie flink über den Schnee an ihr Ziel. Dort angekommen nehmen sie sofort wieder einen sicheren Stand ein. Glöckchen und Clara drehen sich gerade um und gucken, wo Leo bleibt, da steht er schon hinter ihnen. Leo lächelt das erste Mal, seitdem er sie geweckt hat: „Das habt ihr ganz großartig gemacht! Ich bin beeindruckt." Glöckchen und Clara wollen sich gerade vor Freude umarmen. Da stoppt Leo sie und warnt: „Jetzt kommt erst der schwierigste Teil des Ganzen. Jetzt müsst ihr euch in die Schneemassen werfen und dann wieder flink hinausspringen." Als er das sagt, werden Glöckchen und Clara ganz nervös. „Na, was ist los? Habt ihr Angst?", stichelt Leo. Glöckchen und Clara gucken sich an und die Beine beginnen zu zittern. Wie sollen sie nur in den Schnee springen? Und wie sollen sie mit den langen Beinen da wieder rauskommen? Die beiden sind starr vor Angst. Bevor sie etwas sagen können, springt Leo in die Schneemassen. Eine riesige Lawine löst sich. Schneemassen donnern nach unten ins Tal. Glöckchen und Clara sind beeindruckt. Leo springt blitzschnell wieder in Sicherheit. „Ich habe euch doch gesagt, es ist nichts für euch", sagt Leo und guckt die Beiden prüfend an. „Wir haben alles befolgt, was uns von Fichte, Katze und Wölfin beigebracht wurde. Aber keiner hat uns beigebracht, wie man in die Lawine springt", sagen die Ziegen kleinlaut und senken ihre Köpfe. „Vielleicht sollten wir auf dich hören und es einfach lassen." Leo schaut sie ernst an: „Gut, dass Ihr das endlich einseht. Ihr heißt Weideziegen, weil ihr Weideziegen seid. Ihr werdet nie was anderes sein. Jetzt runter vom Berg, bevor ihr euch verletzt!"

Gemeinsam laufen sie ins Tal. Glöckchen und Clara kommen mit gesenkten Köpfen bei den Lawinenziegen und Maurice an. „Was ist passiert?", fragt Maurice. Leo schaut die beiden kleinen Ziegen spottend an und sagt: „Los, sagt es selbst." Glöckchen gehorcht. Kleinlaut meint sie: „Wir haben uns nicht getraut in den Schnee zu springen." Sie hat Tränen in den Augen. Eine der Lawinenziegen sagt empört: „Deswegen haben wir jetzt gewartet? Euch ist erst da oben eingefallen, dass euch das Springen Angst macht? Wir haben Besseres zu tun, als auf euch zu warten!" Die Lawinenziegen tuscheln untereinander. Dann drehen sie sich um und gehen weg. Nur Maurice bleibt bei Glöckchen und Clara. Glöckchen kann nicht mehr aufhören zu weinen. Maurice kniet sich zu ihnen und legt ihnen die Hand auf die Schultern. „Ihr habt es versucht und das ist viel wert. Vielleicht merkt ihr ja, dass es gar nicht so schlecht ist, Weideziege zu sein", fährt er fort. Bei diesen Worten heult Glöckchen besonders laut auf. „Dann muss ich wohl aufgeben und für immer unglücklich auf der Weide stehen", sagt Glöckchen traurig. Maurice lächelt plötzlich und fragt: „Habt ihr wirklich alles beachtet, was Fichte, Katze und Wölfin gesagt haben? Denkt nochmal an die Gespräche. Habt ihr alles verstanden?" Maurice richtet sich wieder auf. Er schaut die traurigen Ziegen an und sagt: „Ich gebe euch auch noch einen Rat: Wenn ihr etwas wirklich von ganzem Herzen wollt, dann dürft ihr niemals aufgeben." Glöckchen schluchzt. Clara versucht, sie zu trösten, und sie laufen zurück zur Weide.

Der Specht

Am nächsten Tag erkennt Clara ihre Freundin nicht mehr wieder. Glöckchen liegt traurig und stumm auf der Wiese und bewegt sich nicht. „Na, komm, Glöckchen, lass uns was spielen! Das hat dir früher doch immer viel Spaß gemacht." Aber Glöckchen dreht sich weg und möchte allein sein. Einfach nur allein. Sie möchte für immer auf der Weide liegen bleiben. Eigentlich möchte sie niemanden sehen. Vor allem möchte sie nicht von den Lawinenziegen gesehen werden, die bald vom Berg zurückkommen werden. Sie seufzt und rappelt sich auf. „Also gut. Wir können im Wald spielen. Ich werde wohl noch lang genug auf dieser Weide stehen", sagt sie unglücklich und läuft los. Clara ist erleichtert und folgt ihrer

Freundin. Ganz still durchqueren sie den Wald, um niemanden zu begegnen. Sie beginnen ein Spiel, doch es macht keinen rechten Spaß. Glöckchen ist zu traurig. Wäre sie doch nur auf der Wiese liegengeblieben. Clara schaut zum Himmel und sagt vorsichtig: „Wir sollten langsam wieder umkehren. Es wird dunkel." Glöckchen will nicht gehen, aber Clara hat recht. Plötzlich lauscht sie auf. „Hörst du das auch?", fragt sie. Sie hat ein Klopfen gehört. Tok-tok-tok. Das Geräusch ertönt immer und immer wieder. Tok-tok-tok. Sie heben die Köpfe und schauen in den Baumwipfeln nach, woher das Geräusch kommt. Tok-tok-tok. Da! Ein Specht sitzt auf einem Baum und baut ein Nest. Immer, wenn er mit dem Schnabel auf das Holz schlägt, rieselt etwas Schnee vom Baum herab. Glöckchen hält Clara an und deutet auf den Specht. Tok-tok-tok, klopft der Specht und wieder rieselt der Schnee vom Baum. „Hallo, lieber Specht", ruft Glöckchen zu dem Vogel hoch. „Wie kommst du voran mit dem Nestbau?" Der Specht dreht sich zu den beiden kleinen Ziegen um. Er hüpft flink auf einem Ast auf und ab. Er spricht schnell und in piepsiger Stimme: „Das ist mir aber eine Ehre, zwei Ziegen kennenzulernen.

Seid ihr Lawinenziegen?" Glöckchen will eigentlich die Situation erklären, aber der Specht wartet gar nicht auf eine Antwort: „Der Nestbau geht gut voran, denn zum Glück habe ich den größten und stärksten Schnabel von allen Vögeln hier im Wald. Aber der Schnee, der runter rieselt, fällt mir oft in die Augen und ärgert mich. Lustig, oder?

Ihr wollt, dass sich der Schnee löst – und mich stört er. Eure Hufe sind übrigens schön groß und stark. Solch einen Schnabel hätte ich gerne! Dann käme ich hier viel schneller voran." Als der Specht aufgehört hat, zu reden, sagt Clara: „Wir sind Weideziegen. Wir wollten gern Lawinenziegen werden, aber wir haben es nicht geschafft. Uns wurde immer gesagt, dass unsere großen Hufe uns hindern würden, die Lawinen auszulösen." Der Specht runzelt die Stirn: „Echt? Komisch! Es gibt doch so viele Möglichkeiten, Schneemassen in Bewegung zu bringen. Ihr seht es doch hier. Bei mir reicht schon ein leichtes Klopfen aus. Denkt mal darüber nach. Ich muss jetzt weiterarbeiten. Das Nest muss fertig sein, bevor meine Frau ihre Eier legt. Vielleicht treffen wir uns wieder, wenn ihr große Lawinenziegen seid." Tok-tok-tok. Der Specht ist schon wieder an der Arbeit, bevor Glöckchen und Clara noch etwas sagen können. „Tschüss und vielen Dank!" rufen die beiden kleinen Ziegen ihm noch zu. Der Specht nimmt es gar nicht mehr wahr. Auf dem restlichen Weg zurück zur Weide müssen die beiden viel über die Worte des Spechtes nachdenken. „Was meint er damit, dass unsere großen Hufe doch geeignet wären, um große Schneemassen in Bewegung zu setzen?", überlegt Clara laut. „Ich weiß es auch nicht", seufzt Glöckchen. „Komm, wir suchen uns einen kleinen Abhang und üben, uns in den Schnee zu werfen." „Wieso? Die Prüfung ist doch vorbei." Clara schaut Glöckchen mit großen Augen an. „Hast du vergessen, was Maurice gesagt hat?

Niemals aufgeben!" Glöckchen hat wieder neuen Mut gefasst. Sie springt schon los. Auf ihrem Weg nach Hause finden sie immer wieder kleine Abhänge, an denen sie üben können. Sie merken aber schnell, dass es ihnen aufgrund ihrer großen Hufe und den unterschiedlich langen Beinen schwerfällt, sich aus den kleinen, rollenden Schneemassen zu befreien. Doch Glöckchen und Clara üben weiter. Ganz in der Nähe liegt ihre Weide. Für einmal üben haben sie noch Zeit. Dann müssen sie sich schleunigst auf den Weg nach Hause machen. Clara möchte sich gerade in einen Schneehaufen werfen, da hält Glöckchen sie auf. Sie hat eine Idee. „Warte mal. Wieso hören wir nicht auf die Natur, Clara?"

Ihre beste Freundin sieht sie fragend an: „Was meinst du?" Glöckchens Augen leuchten, als sie weiterspricht: „Naja, überleg mal. Der Specht meint, dass es uns mit unseren Hufen leichtfallen müsste, den Schnee in Bewegung zu bringen. Und denk an Nora. Sie hat uns geraten, dass es wichtig ist, unsere eigene Lösung zu finden, unseren eigenen Weg. Wieso versuchen wir nicht etwas Neues?" Aufgeregt läuft Glöckchen auf einen kleinen Schneehügel zu und klettert an die steilste Stelle. Anstatt zu springen, trappelt sie abwechselnd mit ihren Hufen auf dem Schnee. Genauso, wie es der Specht mit seinem Schnabel am Baum getan hat. Sie trappelt immer fester und fester ... und auf einmal löst sich der Schnee unter ihren Füßen! Eine winzig kleine Lawine rollt los. Als Glöckchen, das bemerkt, macht sie einen großen Schritt zur Seite zurück auf den festen Schnee. So steht sie wieder auf sicherem Grund. Ihre unterschiedlich langen Beine sind dafür wie gemacht. Ungläubig schaut Glöckchen

Clara an. Auch die ist ganz aufgeregt über das, was sie gerade beobachtet hat. „Mit unseren langen Beinen können wir einen großen Schritt aus dem gelösten Schnee herausmachen. Und unsere kurzen Beine finden schnell Halt auf dem festen Boden!" Die beiden Freundinnen können noch gar nicht richtig fassen, was gerade passiert ist. Sollte das etwa die Lösung sein? Ihre eigene Lösung? Clara ruft aufgeregt: „Das will ich auch ausprobieren! Schnell lass uns einen neuen Hügel finden, bevor es zu dunkel ist!" Diesmal stellt sich Clara an die steilste Stelle des Hügels und trappelt mit ihren großen Hufen so schnell und fest, wie es der Specht vorhin am Baum getan hat. Es passiert das Gleiche wie bei Glöckchen: Eine kleine Lawine löst sich und durch einen großen Schritt steht sie sofort wieder in Sicherheit. Glöckchen guckt Clara an.

Beide lachen, laufen aufeinander zu und umarmen sich. „Das müssen wir den anderen!" Sie hoffen, dass sich die Lawinenziegen über ihre Entdeckung auch so freuen. Doch erst einmal ist es höchste Zeit, zur Weide zurückzukehren.

Und wer könnte ihre Entdeckung in der Dunkelheit schon sehen? Also vereinbaren sie, zunächst nach Hause zu laufen und noch nichts zu sagen.

Die Prüfung

Am nächsten Tag stehen Glöckchen und Clara sehr früh auf und laufen sofort zu Maurice. Er unterhält sich gerade mit Leo vor dem Rathaus „Hallo, ihr Lieben. Glöckchen, du siehst aber glücklich aus. Hast du dich damit abgefunden, eine Weideziege zu bleiben?" „Nein, habe ich mich nicht", erwidert Glöckchen selbstbewusst. Wir möchten noch einmal eine Prüfung ablegen." Leo guckt die beiden an: „Wenn ihr wieder unsere Zeit verschwendet, bin ich sauer. Wir haben Wichtigeres zu tun, als euch beim Scheitern zuzusehen."

Maurice wirft ihm einen strengen Blick zu und sagt: „Ich habe ihnen gesagt, sie sollen niemals aufgeben. Bitte gib ihnen noch eine Chance. Tu es für mich." Glöckchen und Claras Aufregung steigt. Wird Leo ihnen noch eine Möglichkeit geben?

Leo grummelt verärger. Dann sagt er: „Na gut, aber alle werden da sein. Ihr habt hoffentlich diesmal geübt, wie man in eine Lawine springt." Sie kommen am Berg an und sehen, dass wirklich alle gekommen sind. Nicht nur die Lawinenziegen, sondern auch die Katze Larissa, die Wölfin Nora und andere Weideziegen. Bevor sie jemandem „Hallo" sagen können, geht es auch schon los.

Leo sagt: „Also dann. Zeigt was ihr gelernt habt."

Sie machen sich daran, den Berg zu erklimmen. Auf dem Weg zur Spitze sind Glöckchen und Clara voller Sorge, dass Leo nicht glücklich ist, wenn sie ihre neue Technik zeigen. Der Hang wird steiler und steiler. Doch wie auch schon die Fichte Friedl bemerkte, haben Glöckchen und Clara mit dem Klettern keine Probleme. Immer wieder bleiben sie stehen, beobachten genau, wo sie weiterklettern müssen und setzen dann den Anstieg fort. Genau wie die Katze Larissa es ihnen beigebracht hat. Oben angekommen, dreht sich Leo zu Glöckchen und Clara um. Er deutet mit dem Kopf in Richtung Tal und sagt: „Nun ist es so weit. Das ganze Dorf schaut euch gespannt zu. Beweist uns, dass ihr richtige Lawinenziegen seid." Glöckchen und Clara spüren die erwartungsvollen Blicke der anderen. Aber sie lassen sich davon nicht ablenken. Stattdessen suchen sie konzentriert den steilsten Punkt am Berg. Dort lassen sich die Schneemassen am besten in Bewegung bringen. Beide betrachten die möglichen Wege dorthin, besprechen sich kurz und hüpfen dann flink bergan. „Super habt ihr das gemacht!", ruft Leo anerkennend, als die beiden oben angekommen sind.

„Aber jetzt müsst ihr noch in den Schnee springen und eine Lawine auslösen. Und danach so schnell wie möglich wieder raus." Glöckchen und Clara gucken sich an und erinnern sich nochmal an die Worte von Nora, der Wölfin: „Es ist mutig, etwas Neues auszuprobieren. Die Lösung der anderen ist nicht immer die beste Lösung für einen selbst. Sie nicken sich beide zu und trappeln mit den Hufen auf der Stelle, an der sich der Schnee am besten lösen lässt. Immer schneller und schneller werden sie. Schon bilden sich die ersten kleinen Risse in der Schneedecke.

Doch der Schnee ist fester als an den kleinen Übungshängen. Es löst sich nicht so einfach. „Was macht ihr denn da? Traut euch zu springen!", ruft Leo den kleinen Ziegen ungeduldig zu. Die beiden trappeln jetzt noch stärker, als sie es beim Üben gemacht haben. Leo ruft wieder, diesmal energischer: „Los, traut euch oder *ich* springe rein! Dann könnt ihr es aber vergessen, dass ihr je wieder eine Prüfung ablegt. Und Lawinenziegen zu werden, das könnt ihr dann zwei Mal vergessen!" Clara und Glöckchen trappeln immer fester und kommen schon ins Schwitzen. Wird es vielleicht doch nichts? Mittlerweile hat Leo seine Geduld verloren und ruft: „Wenn ihr euch nicht traut, dann muss ich jetzt reinspringen. Und hört doch jetzt endlich mal mit dem komischen Getrappel auf!" Glöckchen und Clara trappeln emsig weiter. Leo sieht ihnen noch einen Augenblick zu, dann ruft er:" Ich zähle bis fünf, dann springe ich rein. Eins, Zwei, Drei, Vier ..." Leo will gerade „fünf" sagen und losspringen, als es plötzlich passiert: Der Schnee löst sich und entwickelt sich langsam zu einer Lawine. Glöckchen und Clara machen schnell einen großen Schritt zur Seite und sind in Sicherheit. Unten im Tal ist es ganz still. Als die Zuschauer begreifen, was die kleinen Ziegen da eben getan haben, fangen alle an zu jubeln und zu klatschen. Glöckchen und Clara springen zurück zu Leo und lächeln ihn erleichtert und stolz an. Der große Ziegenbock ist noch so überwältigt von dem Mut und dem Geschick der beiden, dass er vorerst kein Wort herausbringt. Er begleitet sie, ohne was zu sagen, ins Tal, wo alle auf sie warten. Das ganze Dorf stürmt auf sie zu und feiert. Doch bevor ihnen jeder gratulieren kann, meldet sich Maurice zu Wort: „Einen Moment, bitte. Glöckchen und Clara, ihr habt bewiesen, dass ihr Respekt vor Aufgaben habt und sie richtig einschätzen könnt. Ihr habt es schnell und sicher geschafft auf den Berg zu klettern, trotz eurer unterschiedlich langen Beine und großen Hufe. Ihr seid flink. Doch bevor ihr handelt, habt ihr immer wieder überlegt, wie ihr am besten euer Ziel erreicht. Allerdings habt ihr euch nicht in den Schnee geworfen. Ihr habt eine Lawine ausgelöst. Aber nicht durch Hineinspringen. Könnt ihr deswegen Lawinenziegen werden?" Die Jubelschreie verstummen und es ist wieder ganz still. Alle gucken sich an. Glöckchen schießen Tränen in die Augen. Was hat Maurice da gerade eben gesagt? Sie haben doch die Lawine ausgelöst. Was sollen sie denn noch machen? Keiner der anderen sagt ein Wort. Da ergreift Leo plötzlich das Wort: „Dazu würde ich gern auch noch etwas sagen." Alle Anwesenden schauen ihn an. Glöckchen und Clara schauen ihn ängstlich an. Wird er es jetzt verhindern, dass sie

Lawinenziegen werden? „Glöckchen und Clara haben so viel Mut bewiesen und etwas Neues ausprobiert. Etwas, was wir alle noch nie probiert haben", fährt Leo fort. „Ich habe den beiden gesagt, dass sie niemals Lawinenziegen werden. Ich habe sehr an ihnen gezweifelt. Aber sie haben die Arbeit der Lawinenziegen erfolgreich erledigt. Durch die Idee mit dem Trappeln kann es für uns alle auf dem Berg noch viel sicherer werden. Sollten sie keine Lawinenziegen werden können, möchte ich auch keine Lawinenziege mehr sein." Maurice lächelt, während Clara und Glöckchen Leo immer noch etwas verwirrt, aber dankbar ansehen. Maurice überlegt kurz und sagt dann: „Leo, da hast du vollkommen recht. Das beweist, dass ihr zwar nicht als Lawinenziegen geboren seid, aber wahrlich welche sein könnt. Das Training kann beginnen." Aus Glöckchen platzt die Frage heraus: „Was denn für ein Training? Müssen wir denn noch so viel lernen, bis wir Lawinenziegen sind? Wir waren doch bereits so viel unterwegs!" Leo fängt an zu lachen: „Doch nicht euer Training. Unser Training! Wir wollen alle eure großartige Technik lernen. Dann müssen wir uns nicht mehr in die gefährlichen Schneemassen werfen. Glöckchen und Clara, ihr seid ab heute offiziell Lawinenziegen von Weinfort. Das muss heute Abend gefeiert werden!" Nachdem Leo das ausgesprochen hat und Maurice zustimmend nickt, bricht Jubel aus. Das Dorf wird geschmückt und am Abend findet ein großes Fest in Weinfort statt, damit alle Bewohner Glöckchen und Clara gratulieren können. Larissa und Nora sind gekommen und sogar die Fichte Friedl lässt durch eine Eule ihre Glückwünsche ausrichten.

Leo und alle anderen Lawinenziegen kommen, um die beiden zu umarmen. Später am Abend feiern die anderen immer noch. Glöckchen und Clara sind müde und erschöpft. Sie kuscheln sich nebeneinander auf die Weide und mit einem riesigen Lächeln sagt Glöckchen zu Clara:

„Gute Nacht, Lawinenziege Clara!" Auch Clara lächelt übers ganze Gesicht. „Gute Nacht, Lawinenziege Glöckchen!"

Prolog

So wurden Glöckchen und Clara, zwei gewöhnliche Weideziegen, die berühmtesten und besten Lawinenziegen der Welt. Ihre Beine sind zwar dünn, und unterschiedlich lang, und ihre Hufe sind breit, doch sie haben sich ihren Traum trotzdem erfüllt.

Wenn du das nächste Mal in den Bergen unterwegs bist und eine Lawine siehst, war wahrscheinlich Glöckchen, Clara oder einer ihrer vielen Kollegen dafür verantwortlich. Lawinen sind gefährliche weiße Schneemassen, um die sich nur ausgebildete Lawinenziegen kümmern sollten. Du hältst lieber ausreichenden Abstand davon. Vielleicht hast du ja auch einen Traum, von dem alle sagen, dass du es niemals schaffen wirst. Dann mach es genauso wie Glöckchen und

Clara und du wirst, entgegen allen Zweifeln, sicherlich trotzdem an dein Ziel kommen. Du hast Glöckchen auf ihrem langen und anstrengenden Weg begleitet. Wenn du das nächste Mal träumst, kannst du alle im wunderschönen Dorf Weinfort mit all seinen Bewohnern und dem Bürgermeister Maurice besuchen. Sie freuen sich auf dich.

Und vergiss nie: Wenn du etwas wirklich von ganzem Herzen willst, gib niemals auf!